MEINRAD WINKLER

KAUDAWÖÖSCH

EDITION ATELIER

owa zwuzlts ma s net

fian galfredus de vino salvo

KAUDAWÖÖSCH

Gedichte und Zeichnungen
von

Meinrad Winkler

EDITION ATELIER

Als Wiener kennt man sie: die Adaxln und die Zwutschkerln, den Jesus und seine Hawara, alles med ana schwoazzn tintn verfaßt. Heutzutage braucht man den Wiener Dialekt nicht mehr gegen die Hohepriester des Burgtheater-Deutsch zu verteidigen, die mittelhochdeutsche Volkssprache gegen die jüngere Schwester Hochsprache. Man weiß um das Subversive dieser Sprachform - Idiom der Avantgarde nach dem letzten Weltkrieg - ihren unnachahmlichen Witz, ihre Anpassungsfähigkeit, die es ihr ermöglicht, ständig Neues aufzugreifen, zu verwandeln und nicht bloß Altertümliches darzustellen. Das oft beschworene Aussterben des Wiener Dialektes ist daher wohl eine relative Sache. Nestroy ist nach wie vor ein Schutzpatron, aber kein Säulenheiliger. Inzwischen ist ja der Dialekt ein Lieblingskind der Künstler und Linguisten geworden, hat er doch auch innerhalb der Sprachwissenschaft eine neue und nicht nur folkloristische Position erobert: weder ist er reine Volkssprache »vom Grund«, noch ist er abgesunkenes Sprachgut. Historisch betrachtet existieren nur Dialekte, in der Gegenwart sind sie Sprachfelder wie viele andere, allerdings mit einer größeren Dynamik als die vereinheitlichten Hochsprachen. Peter Wehle hat polemisch formuliert: »Die Hochsprache ist schwarz-weiß, der Dialekt ist bunt.« Was heißen soll, Persönliches, Unverwechselbares kommt im Umgangssprachlichen deutlicher zum Ausdruck, das Sprachspiel erhält einen zusätzlichen Reiz und eine Musikalität, die einer verbeamteten und streng strukturierten Semantik abgehen muß. Nur Wortschöpfungen von Literaten können dazu ein Pendant schaffen.

Allerdings beschränken sich zahlreiche mit dem Dialekt vertraute Autoren darauf, in Mundart eingefärbte Binsenweisheiten wiederzugeben, darauf vertrauend, daß das Exotische, der Lokalkolorit, das inhaltliche Defizit ausgleichen. Dieses Vertrauen hat Meinrad Winkler nicht. Er fordert in seinen Gedichten den gebildeten Leser, der extravagante und auch exklusive Sprachbilder im Dialekt zu genießen vermag. Das Primitive ist Winkler verhaßt, es hat der Dialektdichtung lange genug geschadet.

Der Kult um das Authentische, Direkte, Unverblümte hat nicht selten lediglich zu Slangtexten geführt, die sich vom Hochkulturellen absetzen wollten. Winkler ist kein echter Wiener, der nicht untergeht. Er ist zwar in Hetzendorf aufgewachsen und in Meidling zur Schule gegangen, daheim allerdings sprach man, wenn schon nicht Schönbrunner- so doch Hochdeutsch- die Mutter stammt aus Norddeutschland.

Winkler, ein Allrounder in Sachen Psychologie und Anthropologie, hat von Kindesbeinen an mit seinen Haberern »Schmäh geführt«, gleichzeitig aber das Sprachverhalten seiner Zeitgenossen mit Erstaunen und Belustigung beobachtet. Er sah den »Originalen«, den Trinkern, Sandlern, Einzelgängern aufs Maul und rezipierte diese Menschen und ihre Selbstdarstellungen im Grunde als »ready mades«, als vorgefundene Kunstwerke - »kunststickln von oedn wachoda«. Winkler hat den Dialekt immer schon mit Distanz gesehen, gefremdet. Als Poet begibt er sich damit in ein Rollenspiel, er redet mit fremden Zungen. Der Dialekt ist ihm nicht undurchschaute Muttersprache oder selbstverständliches Ausdrucksmittel, sondern war für ihn immer schon exotisch, ein Sprachereignis, das Wortschöpfungen im Alltag konserviert und als Zeitdokument fungiert, ohne sich darin zu erschöpfen.

Winklers Gedichte sind keine sprachliche Volkskunde, die vorgibt etwas Naturwüchsiges abzubilden. Er möchte die Stimmung einer spezifischen Geisteshaltung evozieren, eingedenk, daß die Menschen von ihrem Dialekt gesprochen werden. Genau dieses Unbewußte der Sprache biegt er sich idiomatisch zurecht, macht es zum Spielzeug seiner beobachtenden Phantasie. Bekanntlich existiert »der« Wiener Dialekt nicht: bis vor kurzem hatte noch jeder Bezirk seine Lokalfärbung - man erkannte den »Hieb« in der Sprache. Durch die zunehmende Mobilität sind die autochthonen »Krätzel« aufgebrochen, die Dialekte vermengen sich, und es wäre eine Lebensaufgabe, die diversen Wortwanderungen zu verfolgen.

Meinrad Winkler reagiert auf den Dialekt nicht als Quasi-Forscher, sondern als Autor, dem die Feldforschung zum Gedicht gerät. Er registriert zwar sehr genau die Eigentümlichkeiten der Ausdrucksweisen, läßt sie auch als Selbstdarstellung und Eigenzitat für sich sprechen, meist verwendet er jedoch das Material für Zusammenhänge, die das »Volk« in dieser Form kaum herstellen würde - »fian salvadoa dali«. Viele seiner Gedichte enthalten nicht nur Neologismen oder innovative Dialektbilder, sonder besitzen eine lyrisch-hochsprachliche Metaphernstruktur, die dann ins Wienerische »übersetzt« wird und dadurch komisch wirkt. Der Dialekt wird zur bewußt verwendeten Fremd-Sprache, die man freilich kennen muß, um mit ihr in ungewohnter Weise umgehen zu können. Das Ungewohnte besteht jedoch nicht in der Zertrümmerung des Wiener Idioms, sondern in der bewußten Steigerung von Sprechtypen, wie z.B. die für den Wiener charakteristischen, nahezu rituellen, Wiederholungen (»bisd a strawanza bisd«), die über den lokalen Tick hinausgehen und dort, wo sie refrainartig rezitiert werden, die große Linie des Volksliedhaften aufgreifen (»oede donau«). In gewisser Weise ist die Verwendung alter Poesieformen für Winkler eine bewußte Verbeugung vor der stimmungsvollen Eigenart und Einzigartigkeit des Altwienerischen.

In der älteren Mundartdichtung dominierte das Liebliche und Herbe als das vermeintlich Volkstümliche, samt dem Hintergründigen, versteht sich. Neueste Dialektversuche zielen häufig auf das Proletarische, Häßliche und Gemeine. Winkler hat in diesen Belangen weder Sympathie noch Verachtung zu vergeben, ihn kennzeichnet das Staunen diesem unbegreiflichen Theatrum mundi gegenüber. Winkler beschreibt nicht nur die Schattenseiten der Wiener Seele, sondern auch ihre Sentimentalität, ihre Klischees, die Allgegenwart des Todes in der Freude, die Einsamkeit des Betrachtenden, die Unmöglichkeit der Liebe - »ollasöön«, »anadomii«, »en d rindn gschnitzt«. Seine Texte sind keine bildungsbürgerlichen Reflexionen, sondern sehr wohl auch Erfahrungsstücke aus Kindheit und Jugend (»waumpata«), dem Alltag flotter Mundwerksburschen und hantiger Weibsen entnommen. In den überkommenen Formen der Litanei, der Moritat, des Wiederholungszwanges wird das eigenartig Rituelle des Wienerischen deutlich. Sprechen ist hier rhetorische Abwehr, Bannung der Realität, Volksgemurmel. Ein Geraunze aus Geraunze, Beschwörung, Verdammung, Poesie, Dummheit und Hinterlist, Witz und bodenloser Skepsis. Ein gemütvolles und hartherziges Durcheinander - Kauderwelsch.

Doch die vorliegenden Texte sind keine spontaner Notizen, keine Momentaufnahmen. Sie wurden oft mehrmals umgeschrieben, so lange bis sie jene Konsistenz und Spannung hatten, die auch ein hochsprachliches Gedicht besitzen muß. Die lautmalerische Orthographie orientiert sich weder an Wehle, noch an Artmann, noch an Teuschl, noch an Nöstlinger, noch an Mayer-Limberg, noch an Gesswein. Winkler hat sie nicht nach einem gängigen Kanon, sondern nach seinem eigenen Sprachgefühl gestaltet. Und er hat auf den optimistischen Schönlese-Effekt verzichtet. Sicherlich kommt noch eine weitere Dimension hinzu, wenn man die Gedichte laut liest. Allerdings sind die Sprachelemente nicht wie bei Gerhard Rühm ins artifiziell Lautliche der konkreten Poesie oder ins Lettristische Ernst Jandls getrieben, sondern behalten ihr Fleisch an den Knochen.

Winklers Zeichnungen vervollständigen das Skurrile der Texte durch eigenartige *graphische Strukturen, die irgendwo zwischen Kubin, Herzmanovsky, Brus und Ensor beheimatet sind. Es sind keine Illustrationen, sondern makabre Röntgenbilder.*

Die vorliegende Sammlung von Dialektgedichten ist im Laufe der Jahre organisch gewachsen, sie ist kein Coup, der mit Märkten oder einer nebulosen Publikumsgunst rechnen kann oder will. »Masche« ist Winklers Sache nicht, er hat für sich das Feld des Wiener Dialektes weit abgeschritten, diesem Phänomen schließlich ein Denkmal gesetzt. So ist auch nicht auszuschließen, daß diese Arbeit für ihn ein Unikat bleiben wird, eine Summe, die sich nicht beliebig ergänzen läßt. Es war für diesen Autor an der Zeit, die geschlagenen Funken zu publizieren. Dem einen werden sie Grablicht, dem anderen Freudenfeuer sein, Brandzeichen sind es in jedem Fall.

In dieser Welt der Schrebergärten, Bahnwegerln, Himbeerstauden, Alpträume, Polizisten, Außenseiter, Heurigengänger, grausamen Kinder und unheimlichen Erwachsenen ist der »modern life style« ausgeblendet. Hier findet man einen Kosmos, der sich hinter dem Marktschreierischen, Modischen der Gegenwart verbirgt. In Winklers Gedichten erfährt diese Landschaft ihre stimmige Beleuchtung oder besser: ihr Zwielicht. Lyrik ist hier nicht Nostalgie, sondern herbstliche Archäologie.

Josef Schweikhardt

am schofbeag brennt a schrewagoatnhittn

feiaboppeia!
feiaboppeia!

fuat bin i
vogl bin i
hoch
iwan rauch

a rods zungal bin i
drunt
en gebüsch

a flankal
en dein ruassegn aug

*die schmerzlichen gedanken des
schrammek viktor, wie er erkennt,
daß sein leben im grund doch ver-
pfuscht ist, und daß er seine erste
liebe nicht vergessen können wird.*

weiwagsichta
fuxech
fett
kane haaßt elisabet
jede heut: vagiß me net!
loß dei hosn
pflück de rosn
mia aus meine seidnhoa!
(und de hoa
san fuffzech joa)

grod woas no so schee
du schlimma
scheene sochn san fia imma
in mein zimma
in m e i n zimma!

blede uaschl

en dein zimma
kummt ma s grausn
vua dein bett und deina jausn
und de fuffzech faadn joa
und de fuffzech witwengsichta
foesch und fett

kane haaßt elisabet

kane woa je auf da bruckn
iwa d schdodbaun
iwan wienfluß
fliagn de mövn imma no
und e zöh de jahln o
de ma jung woan
de ma blind woan

heit bin e a hea

und s biaschal
und da nero bin e a
und wauns sei muaß olle zwa
fingadick
untan rock
derisch wiara haubmschdock

mövmgsichta
fuxech
fett
a jedes schreit: vagiß mi net!
hoet de goschn

wos e hea
kummt von dia
elisabet
owa e vaschdeh de net
schdodbaun foat
wienfluß ziagt
ollas unta d bruckn

de gewisse soche

iwa de gewisse soche
hea dokta
brauchn mia zwa ka wuat valian

en dera gewissn soche
hea dokta
woama jo imma ana meinung

bei dera gewissn soche
kemma kan badon
hea dokta

von dera gewissn soche
griagn mia zwa nia gnua

ohne de vanüllekipfal von da mamma
hea dokta
waas lebm nua hoeb so schee

en weba seine gschichtn

wea isn schued
wea isn schued aun den gaunzn waunsinn

de dogdan
de dogdan und de agademika san schued
de schwindlechn wissnschoftla
und de bolidika
de unedeche blodan
de wos se dauand an neichn bledsinn ausdenkn
weus kan dau hobm
von de wiaglechn brobleme auf dera wööd
nemlech von da w i a g l e c h n wiaglechkeit
weus ollaweu nua auf eanere marie schaun
de schdauwechn briada

auf unsaans schauns e nua owe
nua wauns ums geaschtl geht und bei da woe
do greuns an en oasch
do hoedns de haund auf
de nudldrucka
daweu sicht so a glana growla wiar i
jo vüü mea von da wiaglechkeit

grod weul a glaa is
und ned so hochnosat
weba, hot mei schef ollaweu gsogt
wos se ollas wissn
aungst und baung kennt an wean

heb da wos auf

sogt a
brummt a
waunst en d joa kummst

waunst en d joa kummst
is guad
waunst wos host
drum heb da imma wos auf
leg wos zruck
fia schbeda

witwa
vawitwet
blaumasn am daam

sei haund
de hoewate weakschdott
sei gsicht de wüste gobi
sei lewa a feiaschdaa

fia schbeda

nix zan lochn
do gibts nix zan lochn

anadomii

bisd hii
kummst en d anadomii
kummst en kölla
liegst am dölla
schdumpf und schdüü
sagl und messa
messa und schea
amoe grod
zwamoe daquea
nocha eine
in d brennkoede sooß
DU ligst no laung net
en da mutta eade
ian mechtechn schoos

en a bessare wööd

obrennt wiar a gristbam zu süwesta
an koedn essig en aug
den schmeazz
en heazz
vuan letztn achtal
ka zeit mea
kane leit mea
da himme
hängt volla bommfritt
de musi haut me zaumm
waun e jetzta aufschdeh
gehts liacht aus
mei letzte dramwei
da letzte weana
en da letztn dramwei
schaffnalos
schwoazze nocht
an koedn essig en heazz

endschdation
do kummt de endschdation
und e schdeig aus
wiar e no nia ausgschdiagn bin
und da himmevotta roed med de augn
und da himmevotta roed med de augn

ollasöön

iwan südwestfriadhof
ziagt a schneizdiachl

ollasöön
is heia
ohne monogramm

sunstwo
fian done walitschek

schau de blaln zua
de zeidung am eck
da wind drogts weg

wind woa scho imma valogn
oes kind
hod a da scho de wimpan vabogn

schau de blaln zua
dei kopf untan oam
hoet de net woam

o hea
dea du bist
und uns olle vagißt

liad

zind a liachtl au
med deine weißn händ
en schdiagnhaus waun e geh
sunst varirr e me
en an fremdn aug
und find mei lebdog net haam

loß mei haund net aus
mei buis fliagt dafau
mei schdimm vaschraad se en wind
dei gsicht is so weiß
des hoet me so fest
dei mund vaschliaßt ma en mund

de nochbarin
geht zan schlisslloch
und sie siacht uns schde en da dia
und mia hom kane händ
und so samma vabrennt
iare augn woan groß
wia zwa fensta voe nocht

baunwegal

gschaudaweach
gschaudaweach
zinds au
brenns o

wo en da himbeaschdaun
amoe a heabeag woa
fia kotzn und kinda
med glettn en d hoa
do woa ka gressare gfoa
oes brennesslbiss
gösndiwen
bramburifeia
maunchmoe a hatschada hund

iwas joa
woas goa
de wöd zahockt
en beton vabockt
himbeakinda
hoet da schinda

gschaudaweach
gschaudaweach
zinds au
brenns o

koede fias

koede fias
und dei duchend is z kuaz
und e fiacht me
vuan aufschde
vua mein graun lebm
vua deina freindlichkeit
und dein glan hoatn mund
dea ma sogt wia s sei wiad
waun ma s gschofft hobm

oktowa okenawa

a graupatta
oeda jabana
schded hinta dar blaunkn
med buglate augn

med seine öfmbaafinga
bumpat a haamlech au
bei de kastanebam

und de blaln
　blaln
　　blaln
　　　blaln
　　　　blaln
　　　　　auf unsa drottoa!

glane beawe

newekind
newekind
gehst umadum

newekind
newekind
bisd saumsdoch sundoch blind
und aun de wochndäg schdumm

drum waant a
mei glane beawe
en ia goedans keawe
augnrod
augndod
besa
vakumm!

zedlausdrogn fia beasüü

woshommadnheitscheens?
woshommadnheitscheens?

da rode biraad is do!
med sein vüün vüün gööd!
da rode biraad!
da reiche biraad!
da beasüübiraad
schleicht duachn koalmaaxhof!

deameddefüzbotschn?
deameddefüzbotschn?

aufamoe woar a do!
ens briafkastl gfoen!
und bringt uns glick sovüü glick!
weula da rode is
da reiche biraad von beasüü
dea wos des vüüle vüüle göd bringt!
en den rodn rodn koalmaaxhof!

wowoaradnno?
wowoaradnno?

drunt bei da eisnbau!
en da koandteiagossn!
en gaunzn neinzentn hieb!
von de wüün
von de schdaschdumman wüün
bis zu de oedn heisa
med de oedn oedn leit
de wos en ian eiganan dreck umrian!
wos noch zins riacht!
und noch haushea!
und noch knofe!
wo da de dreihaxatn hund nochrennan!
wos de vaiast
zwischn de vaboganan briafkastln
und de vaboganan gsichta!

owadesiseamollasaans
owadesiseamollasaans

da rode biraad muaß weida!
med sein vüün vüün gööd
auf des olle woatn!
med seine füzbotschn
de wos a jede dia eirenna
a jeds briafkastl
und a jedes vabogane gfries!
auf de no nia wos hängablibm is
weul a jeda gewinnt
med den neichn beasüü...

gristkindl

ollaweu
waunst me auschaust
aus dera ausloog
rinnts ma haaß und koed
daquea iwas lewendiche

süwa san deine augn
süwa is dei schdimm
süwa san deine hoa
süwa is dea daunazopfm
diaf en meina brust

manchmoe
waun e bei dia vuabeigee
und du schaust me grod net au
heast von iagendwo
an aungriadn daun
wia waun zwa süwane omasn
iwa de seitn
von ana oedn ziddan gengan

net zan auschaun

schaus au
de oede!
augn wiara hosndial
a so a junga bua
a so a junges fleisch
so oede augn
en so an jungan fleisch
junga
junga
bua!

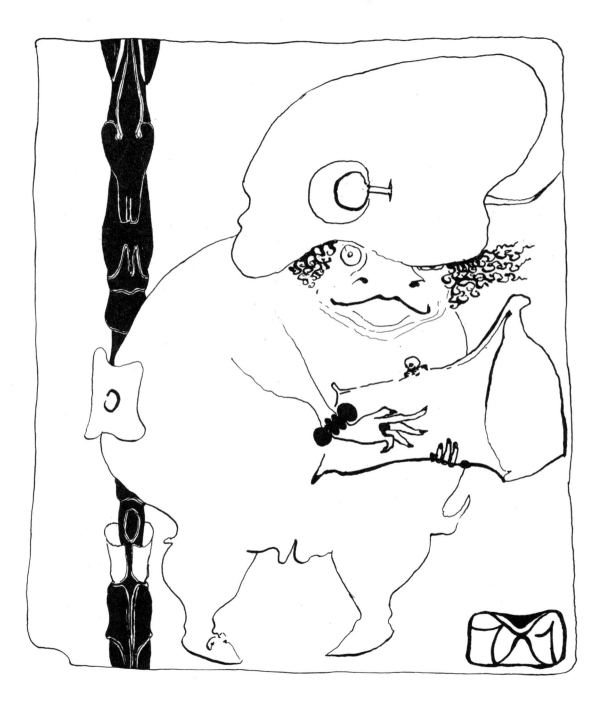

schbiaglgsicht

schau
des bist du:
zwa augn
a nosn
a mund
a guagl zan odraan
und zwa uan
z w a uan
med des d heast
wosd net hean wüst
und des net vaschdeest
wos d längst wissn miassast

kaudawöösch

wos waaß i
wos waaß i wia
wos waaß i wea
wos waaß i wos
wos waaß i
wea wos waaß
waaß i s ?
wea waaß
wea waaß
wea waaß scho
wos i waaß
waun i wos waaß
wea wos waaß waaß wos
wos a waaß waaß a
woswaaßwos !
wos waaß a fremda ?

fian salvadoa dali

du haust de wiara schdaa en d sunn
und woatst

weit weg a feia
brennt a haus
und en den haus vabrennt a ua
und weusd de ua net heast
riachst a des feia net
und nua des haus
begegnt da en an draam

und weu dei heazz so bumpat
sixt di söwa net
und wia da zeiga schmüüzt
und wia de zeit vabrennt

du bist a schdaa
de sunn vaschded de net
und doß d nix heast
und doß d nix riachst
und deine draam net glaubst
is nua r a glans vahängnis
und dei hoewats lebm

lenzgedicht

mittn en winta
mei lenzgedicht
wo nua schbotzn drin vuakumman
und a boa nockate astln
am koalsblotz
wo des soez von unsan magesdraad
en schnee wegbissn hot
damit ma net gaunz ens ruadan kumman
auf unsara frostechn eadn

gschenkt

e schenk da wos

e schenk da
a gleckal
des leit fia di
des bitt fia di
wauns da unhamlech wiad
zwischn de auto
de keazzlschlicka
de sacklbicka
und den ewechn derileen

des leit de fuat
auf a scheene
a ungmade wiesn
volla veigaln
nökn
und zetronanfoeta

duat bin e daham
en an gschdessanan oschnbecha
auf den howe fia di eigrawiat:
en drei deifes noman

ebahaad

bisd dea gleine ebahaad bisd
bisd a schdrawanza bisd
bisd iwan zaun gschdign bisd
bisd en hean aumtsrod sein goatn bisd
hosd bianan fladan woen hosd
hosd an bruada dea is bolezeibekaunt hosd
bisd dem hean aumtsrod schon aufgfoen bisd
bisd ein luada wia dein bruada bisd
wiast scho schaun weats
weama duachgreifm amoe weama
weama kane schbompanadln mochn weama
bisd a glane unediche drecknosn bisd
wiasd so wean wia dein bruada wiasd

früa hea aumtsrod bei meina söö

tii foa tuu

oessa
aun an sundoch
en englaund
kaunst iwahaubt nix aufaungan

owa scho goa nix

ned amoe wos

eanwuat

duat kaunst hextns

daham hockn
d pfeifm rauchn
de deims umbladln
und dei oede auschaun

und
yes und no
sogn

da oede wachoda loßt se nix schenkn

reißd ar a faads aug auf
schiefe bappm
göwe zändt

»eilodna muaß me kana
des lebm hot ma a nix gschenkt

loß schdeckn
dei schimplads gödbeasl
i drog
mein heagottsdola
scho auf da zungan«

kunstschdickln von oedn wachoda

eanst
wiar a grimmiga seudänza
schded a do
med sein ausseahuat

»jetzt kummt des schweaste von olle!«

ruadara
da ausseahuat liegt unt

auf an fuaß
auf an fassl
auf an fuaß
auf an fassl

wachlt med de oam
locht
rodes oedes gsicht

»du hoetst de au!«

mei kindastimm
guckascheckn volla hoss

do schaut a
schdaunt a
vadradn kopf
große große augn
finga duach de luft
und foet
und foet
und dafaungt se nimea

sundochvuamedoch

da haushea:
    a saura mogn
de hausfrau:
    s dode gebiage

da haushea auf sein weib:
    gibts
    wos
    eagas
    on
    an
    sundochvuamedoch?

des hausheanhund zeabarus letztes
stündlein is nicht mea fean

unta unsare via augn
zeabe
gschamsdara:

nimma laung
und di driffd a
da schlog
en da sunn
drunt en hof
zwischn de koloniakiwen
waun de da kuchlgschdaunkn
von den schnitzlwiatn am eck
endgütig raweat gmocht hot

daun
loß schrein
ka zeabe mea
ka zeabebeabe
und eascht recht ka zeabarus

vuahea owa
bön noamoe ausse
dein grant
dein anemaleschn

schdön noamoe auf
dein schwaaf
dein leibeiganan

boed
is do a da wuam drin

heanobteulung

heanhuat
heanschiam
heanschuach
heanoambaund
heanzimma
heanhaus
heanhemd
heanmensch
heanrunde
heansaaf
heansockn
heanfrisea
heansitz
heanreita
heanlos
heanfänga
heanhund
heansalamanda
hean s auf

onkl bolezist

sax
sax
sax dem onkl

sax schon

sax dem onkl bolezist

fix
sax

oda
dia
gschicht
nix

de woaheid

sunst
how e me nia
auskennt
bei dia

heit
hot me de woaheid
en d nosn bissn
dos e gmaant hob
se hot en foeschn dawischt

seitdem siach e dei kopfal
en dera ausloog
von unsan fleischhauagschäft
med deine scheen göwn hoa
iwa dein weißn gsichtl
med dein gfruranan gschau
den bedasü en mundwinkl
und
de handaln
de fussaln
extra

gedicht fia d ulli

wül e
muaß e
kaun e

owa se oschan

waun e wüü
daun kaun e

owa se oschan

waun e kaun
daun muaß e afoch

mei bonni

kennt scho sei

kennt scho sei
den abraham a santa glara
vuan buaggoatn
den wos de daubm ollaweu audrenzn
de vicha
de unedechn
reißt amoe de geduit
und ea schdeigt owa
von sein bostamentl
en da nocht
nix riad se
wia ausgschduabm und obrennt is d schdod

und daun schded a en baak
und hebt seine händ
und schdraad an blaun großmächtechn soman
iwas schlofate wean

en da frua
kauns daun a jeda segn
de beschearung:
schdeif und schdüü

de daubm
de schbotzn
de entn am deich
und auf an unschuedechn bankal
a liwesboa
wos grod beianaund gwesn is
in dera summanocht
wia zwa vogaln
schnowe bein schnowe

kane witz

kummt a mau zan oazt
ned
bittschen kane witz

sogt a derischa zan aundan
ned
bittschen kane witz

fliagt a ameregana und a ruß
ned
bittschen kane witz

drifft da bobbi en rudi
ned
bittschen kane witz

da grien und da blau darokian
ned
bittschen kane witz

wos haumsdn?
is eana ned guad?

ihna kauma s owa goa ned recht mochn
und iwahaubt med soechane leit wia se
de en gaunzn dog nix duan wia glawiaschbüün
oda delefonian oda eia kochn oda uanaufziagn
oda en hund frisian oda zändbuzn oda kinda mochn
oda oede weiwa ausraubm oda fenstaln oda händwoschn
oda schwoazzfoan oda oaweidn oda einedraan
med soechane leit red i jo iwahaubt scho goa nix!
wos?
wappla!

vita

hianedal
  hebs haxl
    bocks koffal
      setz kappö auf
        renn

bleibst schdee
liegst en bett
bist scho dood

beses bluad

hängt a rods drepfal
unta den ditscha en dein kafeehefal

schded a rods lackal
en da müüchschissl von deina kotz

fliaßt a rods bachal
unta dein nochtkastl fiare

kumt a rode schrift
aus deina füüfedan

beses bluad
beses bluad is aufkumman
beses bluad
aus da bassenabippm
aus n hidrantn
aus n schbringbrunan en baak
aus da sempfbumpm vom wiaschtlschdaund
beses bluad
schdeigt imma hecha
weama olle dasaufm

reisnägl damua
fian tscho schweikhaad
und sei hineche glaumpfm

mia zwa haum uns droffm
es woa wiar a draam
mia sahen uns an im O.K.
du beißt en dei glasal
schaust me au wiar a wasal
da war das O.K. nicht mehr da

i hob dei beissal gsegn und i woa wualat
waun i s wo gniaschn hea denk i aun di
i waaß ka fleckal heit wos ma ned wee duad
doch es arinat me aun di

mia haum uns vaschdaundn
aufm easchtn gluadechn blick
es woa wiar a hamlecha dritt
e gib da mei haund
du zreißd ma mei gwaund
e schdeig da auf d zechn: kumm mit!

i hob dei augal gschbiat und i woa wualat
waun i an diga siach denk i aun di
i waaß ka fleckal mea wos ma ned wee duad
doch es arinat me aun di

mia zwa kumman ham
do woa ollas gloa
du ziagst ma s hemd iwa d uan
de ruatn san laung
de nocht hot an glaung
ka pforra hot do wos valuan

waun e dei beitschal siach daun wiar e wualat
waun i s wo schnoezn hea denk i aun di
i waaß ka fleckal mea wos ma ned weh duad
doch es arinat me aun di

es woa uns a fest
mia zwa haum uns quööd
das is ja dea wiagliche sex
i dritt de duach d wohnung
du willst keine schonung
denn du bist a richteche hex

waun e a kettal siach daun wiar e wualat
waun e an besn hoet denk i aun di

i waas ka flekkal mea wos ma ned wee duad
doch es arinat me aun di

so trieben mia es
so lieben mia es
de reisnägl gingen uns aus
mia lasen de saad
doch ea woa uns zu faad
de glasseka hoedn nix aus

waun e a nagal siach daun wiar e wualct
am schdokeneisnblotz kummts iwa mi
des is a greizung wo ma ollas wee duad
denn sie arinat me aun di

mia wollten das neue
lange diffdeltn mia
rot blühte das schuldige fleisch
lewendech begraben!
das glang so erhaben
und aussadem mochts ka gereisch

waun e a bauschdöö siach daun wiar e wualat
waun e s wo grobm siach denk i aun di
es kennt des flekkal sei wo du jetz drinliegst
und des wa goa ned guat fia mi

sogt ana bein heirign

lotte
waunst de drausd
gaunz laut
daß a jeda heat
dreimoe
hintaranaund:
gredlmidnoasch!
  gredlmidnoasch!
    gredlmidnoasch!
zol e drei lita

wedanochrichtn

sixtas
sixtas net
iwa dia
en dera schwoazzn
eidraadn luft
ausn heitan februahimme
ZEHN OEDE WEIWA
uiiiiweh
des gibt a gschraa!

de gschicht med n glan sangt geoag

»wos is des
fraunz
auf unsan gleis noch rekkawinkl?«

die lokomodiif
mocht an pfiif

dea hea lokomodiiffüra
reibt seine ruaßegn augn
sei kessl daumpft

»ein kind?
was ruht sein fuß
in schwearem übamut
am gleis wo sunst
dea zug foan tut?«

» sankt geoag is«
das wischbat nua
fraunz de kohlengreatua
»en bendla hot sunst kana
s haxl gschöd!«

die lokomodiif
mocht an schdoezn pfiif

»drau de« sogts kind
sein füßlein fest am gleis
»e bin a schbenatkind!«

die lokomodiif
mocht kan pfiif mea

die lokomodiif schnauft
dea hea lokomodiiffüra schnauft
(sei wut griagts med da aungst)

»sea geeates schbenatkind
sei ma net bes
wos soll ich hia auf freia schdrecke??«

die lokomodiif
mocht scho wieda an pfiif

»varrost!« sogts kind
            (eiseg)
                wia die kinda sind
da aba mischt die lokomodiif höxtsöbst
sich ei:
»sch sch schoasche
schdeig scho ei!«

»owa nua« sogts kind zua eisnbau
»waunst laungsaum foast
damit e winkn kau.....«

menedekl

heit bin e a linka
muagn bin e a rechta
i bin a guada mensch
nua maunxmoe
bin e a schlechta

schdöh da vua

schdöh da vua
a rostecha vauwee
auf da oebrechtsraumpm
en heabst
waun de bladln fliagn
und da wind pfeift
auf da oebrechtsraumpm

und auf amoe
breit dea vauwee
seine zwa rostechn fliagln aus
von de kana wos gwußt hot
und schdeigt auf
und fliagt
und fliagt
iwa de oebrechtsraumpm
iwan schdefansbloz
de donau
und de heisa
von fluritsduaf
und kagran
und weida

und weida
bis a nua mea
a bunktal is
des wos zan liabm gott wüü
und eam net findn kau
en seina aungst

da zwanzga und da fuffzga

i binkl gschwind
mein zwanzga au
damit man kana
fladan kau
en fuffzga
zwick e ma
en hintan
duat kaun a
sölech ibawintan

a wuat en da faust

a wuat en da faust

so kumm e iwa di
wiara rosablaugraus junigwida
des wos unsan liabm heagott
ausn eame grutscht is
mittn en summa
iwa meidling

waunst des wuat heast
hüft da ka jessasmaria
und ka kasboppedee

waunst des wuat heast
grobs ei dei blindnhundheazz
und deine fuffzech ausredn
schbü dei zungan aus
schrei

hendl wis kea

frangkian brauchst me net
waunst me jetzt ausseschikst
en dera finstanis
ohne obsenda
ohne adress

blombian brauchst me net
waunst me jetzt aufgibst
en dein zuan
weu en mi
schaut e kane mea eine

schiffrian brauchst me a net
waunst me jetzt zaumschdreichst
auf a delegram
von mianix noch dianix
und wida zruck
weu:
da wind kaun net lesn

d letzte schdrofm von an weanaliad

unsaraana
kaun nua waana
waun e loch
daun glaubts ma kaana
bin e scho
woar e wea
s schicksoe is a flobeatgwea
s schicksoe is a flobeatgwea

muagnlaund
fian done losert

schdrawanza
glana schdrawanza
loß de ned foen
gib dar an schdessa
schde auf

du ziagst duach de wiatsheisa
wiar a kenich aus n muagnlaund
ohne sein schdean

du gest duach deine schmeazzn
wiar a eazzengl duach de geistabaun
und nenstas bein nauman
deine schmeazzn
deine schmeazznskinda
bis en da frua

schdrawanza
glana schdrawanza
loß de ned foen
gib dar an schdessa
schde auf

a so a jungs kepfal
wia deins
gheat ens gebiage
oda en an woezzadraum
owa auf kan foe
auf s gleis von ochtadreißga

mei gmiad

dei bappm rennt
wia aufzogn
und e bin scho gaunz wualat
von dein bsücholarefare

hostas net gsegn
find i dei haund in meina mauntldoschn
dein lippmschdift untan autositz
dei foto en mein gödbeasl
dei zaunbiaschdl en mein alebeat

du mochstas gmiadlech
en mein ungmiadlechn gmiad
und e füü me
wiara massnmöada
den se am makusbloz
en venedech
aus vasegn
a dauwal aufm kopf gsetzt hot

wossaleich
inschrift fian friedhof
da naumanlosn

oasch obm
oasch unt
medn gsicht iwan grund

grod aso
wiar e glebt hob
kumm e jetz a no dahea
blau is de donau
schwoazz issas mea

briaf

loß me aus
loß me gee
vaschwind
reiß o
vakumm
varreck
brenn o
dafria
kumm zruck
geh weg
schdiazz o
bei mia

feiamaua

ausn schlot
von unsara fabrik
greut da rauch
wiara vaweigats opfa

du laanst aun dera feiamaua
wia aungschwabbt
schaust me net au
schaust gaunz woaundas hi

heit nocht
woar e alaa med dia
und med mia
und deina rodn draurechkeit
de me auffrißt

kodex

schriatt   hoedn
gleichgewicht   hoedn
obstaund   hoedn
redn   hoedn
wuat   hoedn
bappm   hoedn

en mein kopf

draan ned um
den schdaa
en mein kopf

draan ned um
den schdaa

amoe
wiasdn do umdraan
den schdaa

amoe
wiasdn umdraan

daun ligst du a
unta den schdaa

ligst a
unta den schdaa

und i
bin wida alaa

en d rindn gschnitzt

ow e leb
ow e schdiab
fia mi is ollas aans
ka lebm ohne liab
ka liab ohne diab
ow e leb
ow e schdiab
fia mi is ollas aans

vuan gwida

hinta dia und hinta mia
stengan dausend joa
oes wia dausend zinsoedodn
aun ana dodnboa

auf da boa do ligt a foto
bluman en an pfeadehuaf
a boa seifza und zwa foaschein
und a woekn aus an summa en buakasduaf

und du ziddast und e zidda
und es waad so gach und koed
und do samma zwa kastanien
und zwa kinda med an windliacht
legn uns untas moos en woed

gedaunkn von an oedn ölefauntn

ollaswosawüü
ollaswosawüü

sei rua

ollaswosadenkt
ollaswosadenkt

nix gwoetex:
nua kan zukka
nua kane brezln
kane gfäudn koerawe
ka oedbochans brod
kane kastanien
kane kinda
und kan aplaus

wia domoes en ziakus

zuangedicht

waunst a fadl wast
e schdechat de o
waunst a madl wast
e schdechat de o
waunst a wasn wast
wast scho laung nimma gaunz
und von an hendl kummat ka fedal
mea zruck auf de ead

weust oba a schuachbandl bist
und weustas ned gneißd
wauns de zreißd
schidl i en kopf
moch da wieda r an gnopf
und geh weida med dia

wia waun nix waa
zwischn uns zwaa

oede donau

iwa s eis
iwa s eis
fliagt a vogl
groß und weiß

wiar a schmeazz
wiar a schmeazz
fliagt dea vogl
duach mei heazz

unt en wossa
unt en wossa
schded a oeda mau
a blossa

schaut me au
schaut me au
dea vafluachte
dode mau

iwa s eis
iwa s eis
miaß ma olle
unta s eis

en da finsta

schdraafhezln
wo san meine schdraafhezln
a do san meine schdraafhezln

jessasmaria
hausdoaschlissl
wo is mei hausdoaschlissl
a do is mei hausdoaschlissl

jessasmaria
schlisslloch
wo is des schlisslloch
a do is des schlisslloch

himmefixsakradeifeeine

auf da woog

baahoat muaßd wean
baahoat muaßd wean
schwoazz und eisan
wiar a griagadenkmoe
en novembaregn

de wööd is a sibmsiaß luada
ana wia du hot niagns an bruada
ana wia du is niagns mea zhaus
dia kummt nix aus

und du schdesd auf da woog
de leit schaun da zua
se glotschn en d händ
wiavü hosdn bua?
dei hemd is so goschad
dei bluad is so gschwind
wos wiagt des hots
owa du bisd fia d kotz

baahoat muaßd wean
baahoat muaßd wean
schwoazz und eisan
wiar a griagadenkmoe
en novembaregn

kaschbaldeata

en den kaschbaldeata
wos a jeda oeda weana
en sein kopf hot
gibts mindastns via kaschbaln:

unsan liabm heagott
unsan kaisa
en koal maax
und en schicklgruawa

und daun is do no a grogkodüü

bein heirechn
noch zwa viadln
geht da vuahaung auf:

unsa liawa heagott
wiad von grogkodüü gfressn

unsa kaisa
wiad von grogkodüü gfressn

da koal maax
wiad von grogkodüü gfressn

da hitla
wiad von grogkodüü gfressn

des kaschbaldeata
wiad von grogkodüü gfressn

und auf amoe
sitzt des grogkodüü
nebm dia
und schaut auf dei schdözn

zeidschbrung

gfüda!
waumpata!
gniaboscha!
breslreiwa!
rodschedlada!
feiabotschn!
uawaschlkaktus!
nudlaug!
glosscheambongo!

blaad
ixhaxn
rode hoa
uan wiara fledamaus
scheanglbrodesn

des is zvüü
do hosd kan hawara en da glass
do reißd ka leiwal bein vökkaboe
do schiaßns de o jedn dog

waunsd daun bei da dramwei schdesd
med deina audrenztn schuedoschn
und se ziagn vuabei bei dia
und hom de am hönara:
waumbpata
waun wiafst!!?
daun losn schdeckn
dein läsa
induzia an zeidschbrung
und materialesia de
en ana aundan galaxii

kamenko

schef denken
kamenko kucken

schef sagen
kamenko arweiten

schef schbass machen
kamenko lachen

schef draurig
kamenko voasichtig

schef zoanig
kamenko nix vaschden

schef kaputt
kamenko egal

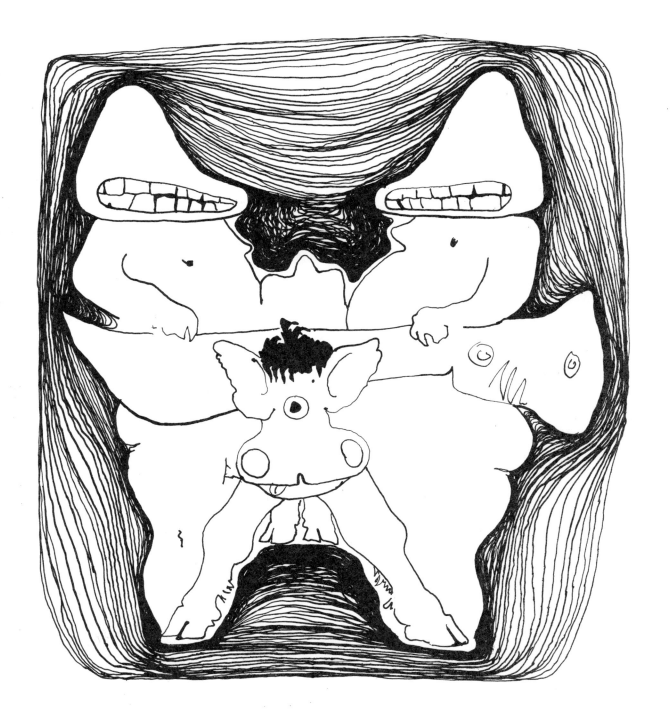

sympathy for the devil
fia d schdaana

fria hod ma gsogt
wauns en söbm augnblik regnd
und d sun scheint
daschlogt da deife sei großmuada

wiaso duad dea des
dea deife
how e me gfrogt

aus lauta bosheit
weul a ebm da deife is
und am end goa ned aundas kau
dea oame deife?

oda is eam sei großmuada
scho am haumma gaungan
med ian ewichn:
luzi sei brav
luzi geh hea
luzi bleib do
luzi moch des

oda woa sei großmuada
a a so a gfraßd
wia ia sauwas enkal
und hod eam schikaniat
und s große lippal gfiat
en da höö:
aus dia luzi wiad nia a richtecha deife
wia dei großvoda sölech ana woa
von den kana wos waas

oessa en d e n foe
griagat da deife vo mia
müdande umschdänd

schbrich

oaweitna
und
schbüna

aans
nochn
aundan

© 1991 by Wiener Journal Zeitschriftenverlag G.m.b.H.
Alle Rechte vorbehalten
Druck und Bindung: Wiener Verlag, Himberg
ISBN 3-9003-7964-5